Estadounidenses asombrosos: Susan B. Anthony

Stephanie Kuligowski, M.A.T.

Asesoras

Shelley Scudder
Maestra de educación de estudiantes dotados
Broward County Schools

Caryn Williams, M.S.Ed.
Madison County Schools
Huntsville, AL

Créditos de publicación

Dona Herweck Rice, *Jefa de redacción*
Lee Aucoin, *Diseñadora de multimedia principal*
Torrey Maloof, *Editora*
Diana Kenney, M.A.Ed., NBCT, *Editora asociada de educación*
Marissa Rodriguez, *Diseñadora*
Stephanie Reid, *Editora de fotos*
Traduccion de Santiago Ochoa
Rachelle Cracchiolo, M.S.Ed., *Editora comercial*

Créditos de imágenes: Tapa & págs. 1, 8, 18 Alamy; pág. 5 History of Woman Suffrage/Google Books; págs. 3, 10, 12, 19 The Granger Collection; págs. 18, 21 iStockphoto; pág. 20 Avery Kuligowski; pág. 21 Stephanie Kuligowski; pág. 7 The Library of Congress [LOC Memory_rbpe 13700400]; pág. 4 The Library of Congress [LC-USZ62-111870]; pág. 6 The Library of Congress [LC-DIG-ppmsca-11398]; pág. 9 The Library of Congress [LC-USZ62-46713]; pág. 11 The Library of Congress [LC-USZ62-46701]; pág. 13 The Library of Congress [mnwp 159001]; pág. 14 The Library of Congress [LC-USZ62-95344]; pág. 15 The Library of Congress; pág. 16 The Library of Congress [LC-USZC4-5585]; pág. 17 The Library of Congress [LC-USZ62-60762]; pág. 24 The Library of Congress [LC-USZ62-95344]; todas las demás imágenes de Shutterstock.

Teacher Created Materials

5301 Oceanus Drive
Huntington Beach, CA 92649-1030
http://www.tcmpub.com

ISBN 978-1-4938-0494-8

© 2016 Teacher Created Materials, Inc.
Printed in China
Nordica.062019.CA21900607

2

Índice

Creencias familiares 4
Expresándose 10
Sueños grandes 12
Activista de toda la vida 18
Estadounidenses asombrosos
    de hoy 20
Glosario 22
Índice analítico 23
¡Tu turno! 24

Creencias familiares

Susan B. Anthony fue una mujer inteligente y fuerte. Creía que todas las personas son **iguales**.

Susan nació el 15 febrero de 1820. Creció en el estado de Massachusetts.

Susan nació en esta casa.

Susan B. Anthony

Los padres de Susan eran miembros de un grupo religioso llamado cuáqueros. Los cuáqueros creen que todas las personas son iguales.

Los padres de Susan querían que la **esclavitud** terminara. Pensaban que los esclavos debían ser libres.

Estos esclavos están sembrando papas dulces.

Esclavitud

La esclavitud es cuando las personas son obligadas a trabajar sin paga. Ellas no tienen **libertad**.

Este cartel habla de reuniones para terminar con la esclavitud.

Susan fue una niña brillante. Aprendió a leer y a escribir cuando tenía tres años. Sin embargo, su maestro pensaba que las niñas no debían aprender las mismas cosas que los niños.

Sus padres no estaban de acuerdo. Enseñaron a Susan en casa.

Susan leyendo cuando era adulta.

Libros favoritos

Susan leyó muchos libros. Uno de los libros que leyó fue *Jane Eyre*. Todavía puedes leer *Jane Eyre*.

Jane Eyre

Expresándose

Susan creció. Se hizo maestra en Nueva York en 1848. Ganaba $110 al año. Los maestros hombres ganaban casi $400 al año. Susan pensaba que esto era injusto. Quería una mejor paga para las mujeres.

Ella es Susan cuando era adulta.

Primero la familia

Susan daba su sueldo a sus padres. Les ayudaba a pagar las cuentas.

Susan vivió en esta casa en Nueva York.

Sueños grandes

Susan quería cambiar el mundo. Creía que todas las personas son iguales. Luchó por los derechos de las mujeres y de los afroamericanos. Susan quería cambiar la forma como eran tratadas las personas.

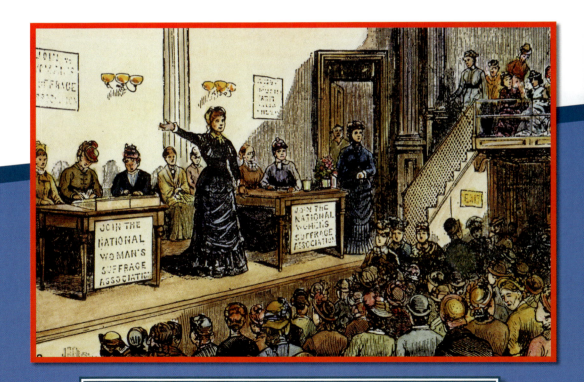

Susan habla sobre la igualdad de derechos.

Mejores amigas

La mejor amiga de Susan se llamaba Elizabeth Cady Stanton. Elizabeth también quería que las mujeres tuvieran igualdad de derechos.

Susan y Elizabeth

Hace mucho tiempo, los hombres tenían más derechos que las mujeres. Las mujeres no podían ser dueñas de una casa. No podían **votar**.

Mucha gente quería cambiar cómo eran tratadas las mujeres. Querían que las mujeres pudieran votar. Esto se llama **derecho al voto**.

Esta postal dice por qué a las mujeres se les debería permitir votar.

Noticias de mujeres

Susan y su amiga Elizabeth hicieron un periódico. Querían que otras personas leyeran sus ideas.

Este es el periódico de Elizabeth y Susan.

La gente trabajó duro por el derecho al voto. Susan y sus amigas marcharon en desfiles. Dieron discursos. También celebraron reuniones. No se rindieron. Querían que las mujeres tuvieran igualdad de derechos.

Estas mujeres están marchando por el derecho a votar.

Tras las rejas

Susan votó en 1872. Esto iba en contra de la ley. Por lo tanto, Susan fue **arrestada**.

El arresto de Susan fue una gran noticia en su época.

Activista de toda la vida

Susan fue una **activista**. Tomó medidas para hacer del mundo un lugar mejor.

Susan vio el final de la esclavitud, pero nunca pudo votar legalmente. Murió en 1906. Las mujeres ganaron el derecho a votar en 1920.

Una mujer vota en 1920.

Un honor

En 1979, se hizo la moneda de un dólar Susan B. Anthony para **honrar** a Susan.

Esta moneda y estampilla honran a Susan.

Estadounidenses asombrosos de hoy

Susan B. Anthony fue una estadounidense asombrosa. Pensaba que todas las personas debían ser iguales.

Hoy, hay muchos estadounidenses asombrosos. Ellos también trabajan duro para ayudar a la gente.

Este dibujo muestra a Meredith y a Madeleine ayudando a la gente a votar.

¡Pídelo!

Pide a un adulto que te ayude a encontrar un estadounidense asombroso en tu ciudad. Entrevista a esta persona. Averigua qué hace para hacer de tu ciudad un lugar mejor.

Avery es estudiante del primer grado en Illinois. Entrevistó a Meredith y a Madeleine. Ellas ayudan a la gente a votar en Crystal Lake, Illinois.

Glosario

activista: una persona que toma medidas para cambiar las cosas

arrestada: ser llevada por la policía a una estación de policía o a la cárcel y ser mantenida allá

derecho al voto: que se les permite votar

esclavitud: ser propiedad de otra persona y ser obligado a trabajar sin paga

honrar: mostrar respeto por una persona o cosa

iguales: que tienen lo mismo

libertad: el poder de hacer lo que quieres

votar: hacer una elección oficial a favor o en contra de alguien o de algo

Índice analítico

activista, 18

cuáqueros, 6

derecho al voto, 14, 16

esclavitud, 6–7, 18

Jane Eyre, 9

Massachusetts, 4

Nueva York, 10–11

Stanton, Elizabeth Cady, 13, 15

votar, 14, 16–18, 21–24

¡Tu turno!

Tus derechos

Esta postal dice por qué las mujeres deberían poder votar. Piensa en la forma en que la gente debería ser tratada. Haz una postal que diga por qué la gente debería ser tratada con justicia.